CHAMBRE DE COMMERCE
de Troyes

ENCAISSEMENT PAR LA POSTE

DES EFFETS PROTESTABLES

DÉLAI DU PROTÊT

RAPPORT ET DÉLIBÉRATION

Séance du 2 Juin 1880

TROYES

IMPRIMERIE ET LITHOGRAPHIE DUFOUR-BOUQUOT

RUE NOTRE-DAME, 43 ET 41

1880

CHAMBRE DE COMMERCE
de Troyes

ENCAISSEMENT PAR LA POSTE
DES EFFETS PROTESTABLES

DÉLAI DU PROTÊT

RAPPORT ET DÉLIBÉRATION

Séance du 2 Juin 1880

TROYES

IMPRIMERIE ET LITHOGRAPHIE DUFOUR-BOUQUOT

RUE NOTRE-DAME, 43 ET 41

1880

CHAMBRE DE COMMERCE DE TROYES

Séance du 2 Juin 188

Sont présents : MM. BERTHIER-ROBLOT, *Président*; L. SAUSSIER, *Vice-Président*; A. JACQUIN, *Secrétaire – Trésorier*; H. DOUINE, F. FONTAINE, E. GABIOT, GÉRARD-MILLOT et A. PORON, *Membres*.

L'ordre du jour appelle le Rapport de la Commission chargée d'étudier la question des délais du protêt et celle de l'encaissement, par l'Administration des Postes, des effets de commerce qui sont susceptibles d'être protestés.

M. F. Fontaine, rapporteur de la Commission[1], s'exprime en ces termes :

MESSIEURS,

Le Gouvernement a saisi la Chambre de deux projets de loi dont l'un, voté à l'heure actuelle par la Chambre des

---

[1] La commission se composait de MM. Fontaine, Gabiot, Jacquin et Saussier.

députés et transmis au Sénat, a pour but l'encaissement par l'Administration des Postes des effets de commerce susceptibles d'être protestés, et dont l'autre, examiné déjà par une commission du Sénat, tend à modifier l'article 162 du Code de commerce, en prolongeant le délai fixé pour la constatation légale du refus de paiement.

Ces deux projets de loi touchent à de graves intérêts ; ils préoccupent à juste titre un grand nombre de commerçants, et l'on peut regretter qu'avant de les présenter, le Gouvernement n'ait pas cru devoir prendre l'avis des Chambres de commerce et des autres institutions compétentes. Ce n'est pas un motif, toutefois, pour que celles-ci gardent le silence, et votre Commission vient, pendant qu'il en est temps encore, vous proposer de soumettre à qui de droit les réflexions suivantes sur ces deux projets, connexes à plusieurs points de vue :

I

Recouvrement des effets protestables par la Poste

Nous résumerons brièvement les observations nombreuses que l'on pourrait faire sur ce premier projet qui, selon nous, restera, s'il est définitivement adopté sans être modifié, à l'état de lettre morte, parce qu'il n'apporte aucune garantie aux intéressés et qu'il engendre pour eux en même temps des dangers considérables.

En effet, l'économie de ce projet de loi consiste principalement à décharger l'Administration des Postes de toute responsabilité envers le tiers-porteur qui lui aura confié un billet ou une lettre de change, pourvu qu'elle en fasse la remise à un officier ministériel qui sera chargé d'en faire le protêt, mais qui devra opérer sans aucun recours contre l'Administration et ne pourra réclamer ses déboursés et honoraires qu'au débiteur ou au créancier.

Il y a, dans cette disposition, deux personnes dont les intérêts sont mis en question : le propriétaire du billet, ordinairement tiers-porteur, et l'huissier appelé à faire le protêt.

Au point de vue du tiers-porteur, quelle sera la garantie, alors que la Poste, sans aucune responsabilité envers lui, n'aura pas d'autre obligation que la remise de l'effet à un huissier de son choix ?

Comment ce créancier, à qui la Poste, dans le silence de la loi, n'aura même pas à faire connaître le refus de paiement et le nom de l'huissier, pourra-t-il donner suite au recouvrement ; à qui devra-t-il réclamer son billet pour faire en temps utile la dénonciation du protêt et conserver ses recours contre les endosseurs précédents ?

Qu'arrivera-t-il si l'huissier, qu'il ne connaît pas, est insolvable ou infidèle ?

A qui s'adressera ce créancier qui se trouve, sans le savoir, le mandant d'un inconnu ?

Il suffit d'énoncer ces difficultés pour établir que les intérêts du tiers-porteur seront gravement compromis, et que la loi projetée sera impraticable parce qu'il ne se trouvera pas un commerçant sérieux qui puisse se décider à courir de pareils risques.

Quant à l'huissier, à qui l'on ne saurait contester le droit de refuser son ministère à quiconque ne lui offre pas garantie suffisante du remboursement de ses avances, où trouvera-t-il ce créancier tiers-porteur qui doit, à défaut du débiteur, le désintéresser de ses frais ?

Ce n'est pas de lui qu'il tient son mandat ; il ne le connaît pas, n'est point édifié sur sa solvabilité et n'a pas d'autres renseignements sur son domicile que les indications imparfaites ou insuffisantes de l'endos : s'il parvient à dé-

couvrir ce créancier, dont la résidence peut être fort éloi-
gnée, et qu'il juge prudent de ne pas se désaisir de l'effet
protesté sans être payé de ses frais, le délai de dénonciation
ne peut-il pas s'écouler pendant l'échange de correspon-
dances et la recherche de renseignements?

On peut encore se demander à la requête de qui le protêt
sera fait. Sera-ce à la requête de l'Administration qui aura
remis l'effet à l'huissier, ou à celle du dernier endosseur?
La loi proposée reste muette sur ce point. La première
hypothèse serait en contradiction avec le rôle passif que le
projet réserve à la Poste, et si la seconde doit prévaloir, est-
il admissible qu'un officier ministériel puisse légalement
agir au nom d'un tiers qui lui est inconnu et qui ne lui a
point donné mandat?

On pourrait encore signaler d'autres difficultés pour
l'application de la loi projetée; nous croyons en avoir dit
assez pour établir qu'elle sera tout-à-fait impraticable.

Une telle loi ne pourrait donner des résultats utiles que
dans le cas où l'Administration des Postes, qui, en se char-
geant de l'encaissement des effets de commerce, se substi-
tuera en réalité aux banquiers, supporterait comme ces
derniers la responsabilité complète de l'opération. Dans un
pays voisin, la Belgique, la Poste effectue sur une grande
échelle ces sortes de recouvrements ; mais la loi la rend res-
ponsable envers ses mandants ; si la présentation n'est pas
faite à bonne date, si l'huissier choisi est infidèle ou négli-
gent, le recours contre la Poste est toujours assuré. C'est
grâce à ce principe de responsabilité que le public a pris
l'habitude de confier à la Poste belge le recouvrement de
ses effets ; s'il n'est pas appliqué à l'Administration fran-
çaise, la loi projetée demeurera sans résultat.

II

Modification à l'article 162 du Code de commerce

Le Gouvernement, en proposant de reporter le protêt au surlendemain de l'échéance, semble vouloir rendre l'observation du délai légal plus facile, lorsqu'il s'agit de certaines échéances trop chargées ou de certaines localités éloignées des villes et dépourvues de moyens suffisants de communications ; nous verrons tout à-l'heure que la modification est proposée surtout dans l'intérêt de l'Administration des Postes.

La Commission du Sénat paraît être entrée dans les mêmes vues, et, sauf une modification dont nous parlerons plus loin, elle propose l'adoption de la loi, en s'appuyant sur trois motifs principaux énoncés ainsi qu'il suit au rapport qu'elle a déposé :

« 1° Dans les grands centres commerciaux, dit le
» Rapporteur, le nombre considérable de protêts confiés
» aux notaires et aux huissiers ne leur permet pas toujours
» de dresser ces actes le lendemain de l'échéance. Il arrive
» qu'à la faveur du délai d'enregistrement la rédaction du
» protêt est retardée et que cet acte est ensuite antidaté
» pour être mis en harmonie avec la rigueur de la loi. Il
» est désirable que cette pratique vicieuse cesse et qu'une
» stricte sincérité soit toujours exigée des officiers ministé-
» riels. »

Cette première considération est peut-être la plus sérieuse. Nous n'hésitons pas à reconnaître, avec la commission sénatoriale, que dans les villes importantes, à certains jours d'échéance, le nombre des protêts devient considérable, que les officiers ministériels sont alors embarrassés

pour y procéder en temps utile, et que parfois ils sont obli-
gés de recourir à la *pratique vicieuse* de l'antidate ; mais
nous ne pensons pas que la loi proposée soit de nature à
faire cesser l'embarras.

Nous établirons plus loin que, quelle que soit la durée
du délai fixé, ce sera toujours comme aujourd'hui, à la der-
nière heure, qu'on fera les protêts ; par conséquent, la
prolongation de ce délai ne pourra rien changer à l'état de
choses actuel ; elle ne fera nullement disparaître les difficultés
et les abus signalés.

Ajoutons que ces difficultés, en définitive, ne paraissent
pas avoir soulevé des plaintes sérieuses. D'ailleurs, l'insuf-
fisance des moyens d'exécution ne serait pas un motif pour
modifier une réglementation consacrée par l'usage et justi-
fiée par l'expérience ; le remède doit être cherché ailleurs.
On pourrait le trouver en augmentant le nombre des personnes ayant qualité pour protester, en assermentant à cet
effet, par exemple, les clercs de notaires et d'huissiers, au
besoin même les facteurs de la Poste, si la Poste est chargée
des encaissements. Il y a, tout au moins, une étude impor-
tante à faire sur les moyens de protester, avant de toucher
au protêt lui-même en modifiant le délai.

« 2° Dans les localités où ne résident ni notaire ni huis-
» sier, continue le rapporteur du Sénat, la difficulté des
» communications empêche souvent que le protêt soit fait
» à bonne date. Beaucoup de maisons de banque ont pris
» l'habitude de dégager leur responsabilité à cet égard vis-
» à-vis de leurs clients, et le commerce est exposé parfois
» à de graves embarras. »

On peut répondre à ceci que les localités pour lesquelles
il est fait par les banquiers de semblables réserves sont en
petit nombre, et que, d'un autre côté, dans chacune d'elles,
les encaissements d'effets se présentent rarement.

Ce second motif repose donc sur une exception qui, dès lors, ne saurait motiver une réforme contraire à l'intérêt général.

Il est vrai que si la Poste était autorisée à faire les recouvrements, l'exception tendrait à se généraliser, puisqu'aux termes du projet de loi déjà voté par la Chambre des députés, l'Administration n'assume aucune responsabilité en cas de présentation ou de protêts tardifs. Mais ce n'est pas l'extension donnée à une exception abusive qui pourrait justifier l'adoption d'une mesure nuisible, ou tout au moins inutile dans le cours ordinaire des choses.

« 3° Enfin, dit encore la Commission du Sénat, le projet
» de loi déposé à la Chambre le 17 janvier 1880, propose
» de conférer à l'Administration des Postes le droit de se
» charger du recouvrement des effets protestables. Or, il
» est certain que les prescriptions de l'article 162 ren-
» draient absolument impossible l'adoption de cette mesure,
» au moins d'une manière générale, un très-grand nombre
» de bureaux de poste étant trop éloignés du domicile du
» notaire ou de l'huissier le plus voisin pour que l'effet
» soit remis et le protêt fait le même jour. L'augmentation
» du délai du protêt, ajoute le rapporteur, ne tend abso-
» lument pas à ménager le débiteur qui, dès l'échéance,
» doit s'attendre à toutes les sévérités permises par la
» loi. »

Nous voyons se dévoiler ici le véritable et unique mobile de la modification proposée à l'article 162.

C'est en réalité pour rendre possibles les recouvrements des effets protestables par l'Administration des Postes que le Gouvernement demande la remise du protêt au surlendemain de l'échéance.

Assurément, on ne peut qu'applaudir aux efforts incessants de M. le Ministre des Postes pour augmenter et améliorer les nombreux services rendus par l'Administration qu'il dirige avec tant d'activité. L'encaissement des effets protestables, à la condition d'être garanti par l'Administration comme nous l'avons dit à la première partie de ce rapport, pourrait encore devenir la source de services importants ; mais on s'exposerait à rendre nul, ou plutôt, à transformer en préjudice l'avantage ainsi offert au public et particulièrement au commerce, si, pour donner à la Poste le moyen d'accomplir sa nouvelle mission, on était obligé de toucher à certaines garanties établies par la loi dans un but d'intérêt général. Or, c'est précisément, à notre avis, ce qui arrive quand on propose de proroger le délai du protêt ; nous pensons que les inconvénients de cette prorogation ne seront jamais compensés par la faculté de se servir de la Poste pour le recouvrement des effets de commerce, et nous allons essayer de le démontrer.

Observons, tout d'abord, qu'une très-grande quantité de papier commercial s'encaisse facilement et sans frais par l'intermédiaire de la Banque de France ; que la majeure partie des effets qui ne peuvent être admis par notre grand établissement financier passe et passera toujours par les nombreuses maisons de banque qui sont à la fois les intermédiaires et les bailleurs de fonds de beaucoup de commerçants, à qui elles sont indispensables et qu'elles tiennent attachés à elles par le crédit qu'elles leur accordent ; que par suite, les encaissements confiés à la Poste seront de beaucoup les moins fréquents, qu'ils constitueront l'exception, alors que les modifications proposées à l'article 162 atteindront tout le monde et qu'elles toucheront essentiellement à l'intérêt général. C'est donc uniquement au point de vue de cet intérêt général qu'il faut envisager la question et non au point de vue restreint et exceptionnel des encaissements par la Poste.

Ceci posé, que résultera-t-il du renvoi du protêt au surlendemain de l'échéance ?

Avant la création du Code de commerce, le porteur d'un effet avait, en vertu de l'ordonnance de 1673, dix jours pour faire protester. Ce délai, beaucoup trop long, était devenu en réalité une prolongation absolue d'échéance; on s'était habitué à ne présenter l'effet qu'au bout des dix jours; le débiteur oublieux n'était point averti avant l'heure à laquelle il se trouvait exposé au protêt. C'est pour remédier à cet état de choses que le législateur de 1807 a créé pour le porteur (article 161) une obligation précise de demander paiement le jour même de l'échéance, et qu'il a réduit à vingt-quatre heures (article 162) le délai de grâce accordé au débiteur avant le protêt. Cette sage disposition a porté ses fruits : l'échéance indiquée sur l'effet de commerce est devenue, sous l'empire de cette législation, une échéance réelle, servant de point de départ pour tout calcul d'intérêts et d'escompte, et le délai de vingt-quatre heures pour le protêt a été véritablement le jour de grâce laissé au débiteur.

Ce délai de vingt-quatre heures est suffisant pour le débiteur pris au dépourvu, mais en état de se procurer les fonds nécessaires ; sa prolongation ne profiterait pas au mauvais débiteur, dont elle ne saurait changer la situation et à qui elle ne donnerait pas le moyen de se libérer ; elle serait tout entière au détriment du créancier.

Ce délai de vingt-quatre heures, aussi court que possible, ne peut servir de prétexte au banquier qui prend l'effet à l'escompte ou en compte-courant, pour exiger que l'intérêt lui en soit compté ; s'il était augmenté, on retomberait dans tous les abus d'une prolongation d'échéance, les habitudes antérieures à 1807 ne tarderaient pas à reparaître et l'article 161 serait violé chaque jour.

Il est vrai que la Commission du Sénat, voulant sans doute obvier, au moins en partie, à des inconvénients qu'elle ne pouvait méconnaître, propose une modification au projet de loi. D'après le Gouvernement, le refus de paiement devrait être constaté le *surlendemain de l'échéance* ; la Commission demande que cette constatation, c'est-à-dire le protêt, ait lieu *dans les deux jours qui suivent celui de l'échéance*, laissant ainsi le porteur libre d'agir avec plus ou moins de rigueur, sans l'obliger à attendre le deuxième jour.

Nous pensons que cette variante dans le projet de loi n'a pas d'importance réelle et que le résultat sera le même. En effet, le protêt est un acte des plus rigoureux au point de vue du débiteur ; il porte la plus sérieuse atteinte à son crédit, il peut devenir le point de départ d'une faillite. Aussi, bien que dans l'état actuel de la législation il soit permis de protester le lendemain de l'échéance dès le matin, il est passé en usage de ne le faire que le plus tard possible, et dans tous les cas, pas avant midi. Si le projet de loi est adopté, le même usage se reproduira certainement pour le surlendemain de l'échéance; car, en supposant que le créancier jouisse de la faculté de protester aussi bien le lendemain que le surlendemain, nous nous demandons où seront les tiers-porteurs, ou même les huissiers, qui voudraient, en agissant de suite, s'exposer aux récriminations du débiteur les accusant d'avoir pour lui une rigueur inusitée et de vouloir le discréditer sans profit, en lui refusant un délai pendant lequel il se croit certain de pouvoir réunir les fonds nécessaires.

En fait, que ce soit le système du Gouvernement ou celui de la Commission sénatoriale qui prévale, les échéances seront retardées de quarante-huit heures, comme elles l'étaient de dix jours avant 1807, comme elles le sont encore de trois jours en Angleterre, où ce délai est resté jusqu'alors en vigueur, mais où l'on est unanime pour en demander la réforme.

En résumé, si le projet de loi était adopté, nos usages

commerciaux, tant à l'intérieur qu'avec l'étranger, seraient bouleversés sans utilité réelle, sans profit sérieux pour personne, sice n'est pour l'Administration des Postes, qui ne se met à la disposition du public qu'à des conditions insuffisantes, et dont l'intervention, dans tous les cas, ne se produira toujours que par exception.

—

Par suite de toutes ces considérations, votre Commission est d'avis :

1° Qu'une loi autorisant l'Administration des Postes à faire le recouvrement des effets de commerce susceptibles d'être protestés n'aurait d'efficacité réelle que si cette administration était assujettie, comme en Belgique, à toutes les responsabilités de droit commun ;

2° Qu'il est inutile et qu'il serait surtout regrettable de modifier de quelque façon que ce soit l'article 162 du Code de commerce ;

3° Qu'il y a lieu d'appeler d'une manière pressante l'attention des Chambres et du Gouvernement sur ces deux questions, en demandant qu'elles soient résolues dans le sens ci-dessus indiqué, ou tout au moins que la décision définitive soit ajournée, afin qu'il soit procédé à une enquête et à de nouvelles études sur ces deux points importants.

La Chambre,

Après avoir entendu ce Rapport et en avoir délibéré, adopte à l'unanimité l'avis de sa Com-

mission et décide qu'il sera transmis à M. le
Ministre de l'Agriculture et du Commerce, ainsi
qu'à MM. les Ministres de la Justice et des Postes.

Fait et délibéré les jours, mois et an que
dessus.

Pour copie conforme :

Le Président,

BERTHIER–ROBLOT.

Le Secrétaire-Trésorier,

A. JACQUIN.

IMPRIMERIE DUFOUR-BOUQUOT
DB
TROYES